BEI GRIN MACHT SICH IHR
WISSEN BEZAHLT

Bibliografische Information der Deutschen Nationalbibliothek:

Die Deutsche Bibliothek verzeichnet diese Publikation in der Deutschen National-
bibliografie; detaillierte bibliografische Daten sind im Internet über http://dnb.d-
nb.de/ abrufbar.

Impressum:

Copyright © 2014 GRIN Verlag, Open Publishing GmbH
Druck und Bindung: Books on Demand GmbH, Norderstedt Germany
ISBN: 9783668402652

Dieses Buch bei GRIN:

http://www.grin.com/de/e-book/354002/planung-und-durchfuehrung-eines-indivi-
duellen-ausdauertrainings

Simon Nitschke

Planung und Durchführung eines individuellen Ausdauertrainings

GRIN Verlag

GRIN - Your knowledge has value

Der GRIN Verlag publiziert seit 1998 wissenschaftliche Arbeiten von Studenten, Hochschullehrern und anderen Akademikern als eBook und gedrucktes Buch. Die Verlagswebsite www.grin.com ist die ideale Plattform zur Veröffentlichung von Hausarbeiten, Abschlussarbeiten, wissenschaftlichen Aufsätzen, Dissertationen und Fachbüchern.

Besuchen Sie uns im Internet:

http://www.grin.com/

http://www.facebook.com/grincom

http://www.twitter.com/grin_com

Deutsche Hochschule für

Prävention und Gesundheitsmanagement

Hermann Neuberger Sportschule 3

66123 Saarbrücken

Einsendeaufgabe

Fachmodul: Trainingslehre 2

Studiengang: Prävention und Gesundheitsmanagement

Version Studienbrief: Februar 2013, rev.09.009.00

(Datum des Vorwortes, Versionsnummer in Fußzeile des Studienbriefes)

Name, Vorname: Nitschke, Simon

Studienort: **Köln**

Semester: **3. Semester**

Inhalt

AUFGABE 1:.. **3**

1a) Diagnose: 3

1 b) Leistungsdiagnostik und Ausdauertestung: 9

1 c) Gesundheits- und Leistungsstatus der Person: 14

AUFGABE 2:.. **15**

Zielsetzung und Prognose: 15

AUFGABE 3:.. **18**

3 a) Grobplanung Mesozyklus: 18

3 b) Detailplanung Mesozyklus: 19

3 c) Begründung zur Mesozyklusplanung: 21

AUFGABE 4) LITERATURRECHERCHE **26**

LITERATURVERZEICHNIS... **31**

Aufgabe 1:

1a) Diagnose:

Die Aufstellung der allgemeinen und biometrischen Daten des Kunden ist der erste Schritt der Trainingsplanung. Diese Diagnose hilft dem Trainier einen geeigneten und individuellen Trainingsplan aufzustellen. Die Diagnose ist die erste Stufe des „Fünf-Stufen-Modells der Trainingssteuerung" (Olivier et al, 2008, S.55 ff.) und je mehr Daten des Kunden erfasst worden, desto genauer weiß der Trainer über dessen aktuellen Gesundheits- und Trainingszustand Bescheid.

Tab. 1: Übersicht der allgemeinen und biometrischen Daten des Kunden:

Allgemeine Daten:		
Geschlecht	männlich	
Alter	50 Jahre	
Größe	1,85 m	
Gewicht	91 kg	
Beruf	Bürokaufmann	Info: Sitzende Tätigkeit
Trainingsmotive	• Kondition verbessern für das Handball Training • 6 kg abnehmen • Ausgleich zum Büroalltag finden • gesünderen Lebensstil entwickeln • Herzinfarktrisiko senken	

3

Orthopädische Erkrankungen	• leichte Arthrose im Steißbein	Information: Ansonsten beschwerdefrei!
Allgemeiner Gesundheitszustand	• Erhöhtes Herzinfarktrisiko, aufgrund von zu wenig Bewegung und erhöhtem Körperfettanteil	Außerdem familiäre Vorbelastungen, erblicher Risikofaktor
Zeitliche Verfügbarkeit	• Nach der Arbeit ab 17.00 Uhr (außer mittwochs, da er dort Handball Training hat) • am Wochenende	
Subjektive Beschwerden	• Rückenschmerzen Lendenwirbelsäule • Beim Laufen schnell außer Atem	
Sportliche Aktivität heute	• 1x pro Woche Handball Training – Dauer: 1 Stunde (alte Herren)	Information: Keine Regelmäßigkeit
Sportliche Aktivität früher	• Bis zum 35. Lebensjahr, hat er 2 mal pro Woche für ca. 1,5 Stunden Handball gespielt • Bis zum 45. Lebensjahr spielte er 1x pro Woche Badminton • Bis vor 4 Monaten war er 1 x pro Woche Nordic Walken für 90 Minuten	
	• war noch nie im Fitness-	• Bewertung: Anfänger im

Trainingszustand	studio, ist unerfahren im Umgang mit Ausdauertraining	Ausdauertraining
	• sein Trainingszustand ist nicht gut, obwohl er 1x pro Woche Handball spielt. Dies macht er jedoch, wie oben erwähnt, sehr unregelmäßig	
	• Das Handballtraining hat eher einen psychosozialen Effekt auf Ihn, als eine positive Auswirkung auf seine Ausdauer und Gesundheit	

Biometrische Daten:	Parameter	Normalbereich	Bewertung
Blutdruck	135/85 mmHg	<120/80 mmHg optimal	Hochnormaler Blutdruck
Body-Maß-Index (BMI)	26,6	20-25 und bei 50 jährigen 22-27	Leichtes Übergewicht, doch für sein Alter ist er an der Grenze zu noch Normalgewicht (vgl. Tab. 3 und 4)
Ruhepuls	78 Schläge/ Minute	60-70 Schläge/ Minute	Erhöhter Ruhepuls
Körperfettanteil	25,4 %	Bei Männern im Alter von 50 Jahre 11 - 22 %	Erhöhter Körperfettanteil
Taillen-Hüft-Quotient	1,02	< 0,9 normal	Bauchbetontes Übergewicht= höheres Risiko, an Herz-Kreislauf-Erkrankungen zu erkranken

An den folgenden Tabellen können die Normwerte für die biometrischen Daten der Person abgelesen und anhand dieser seine Parameter bewerten werden.

Die roten Pfeile weisen auf die Bereiche hin, in denen die oben vorgestellte Person mit ihren jeweiligen Parametern liegt.

Tab. 2: Blutdruckwerte nach der Deutschen Hochdruckliga:[1]

	Systolisch (mmHg)	Diastolisch (mmHg)
Optimal	<120	<80
Normal	<130	<85
Hochnormal	➤ 130-139	85-89
Grad 1 Hypertonie	140-159	90-99
Grad 2 Hypertonie	160-179	100-109
Hypertonie Grad 3	≥180	≥110
Isolierte syst. Hypertonie	≥140	≥90

Tab. 3: Gewichtsklassifikation Erwachsener anhand des BMI[2]

	Kategorie	BMI (kg/m²)	Kategorie
	Starkes Untergewicht	< 16	Untergewicht (Gewicht mit gesundheitlich negativen Auswirkungen)
	Mäßiges Untergewicht	16 – 17	
	Leichtes Untergewicht	17 – 18,5	
	Normalgewicht	**18,5 – 25**	**Normalgewicht!**
	Präadipositas ➤	25 – 30	Übergewicht
	Adipositas Grad I	30 – 35	Adipositas (Fettleibigkeit, bzw. starkes Übergewicht mit krankhaften Auswirkungen)
	Adipositas Grad II	35 – 40	
	Adipositas Grad III	≥ 40	

[1] https://www.hochdruckliga.de/bluthochdruck.html

[2] https://de.wikipedia.org/wiki/Body-Mass-Index#Bei_Erwachsenen

Tab. 4: Optimaler BMI nach Alter und Geschlecht (Deutsche Gesellschaft für Ernährung, 1992) :

Alter	optimaler BMI
19-24	19-24
25-34	20-25
35-44	21-26
45-54	➤ 22-27
55-64	23-28
älter als 65	24-29

Klassifikation	Männer	Frauen
Untergewicht	<20	<19
Normalgewicht	20-25	19-24
Übergewicht ➤	25-30	24-30
Adipositas	30-40	30-40
massive Adipositas	>40	>40

Tab. 5: Klassifikation Körperfett (Gallagher et al., 2000):

Männer:

Alter (Jahre)	niedrig	normal	hoch	sehr hoch
20-39	< 8 %	8–20 %	20–25 %	≥ 25 %
40-59	< 11 %	11–22 %	22–28 %	≥ 28 %
60-79	< 13 %	13–25 %	25–30 %	≥ 30 %

1 b) Leistungsdiagnostik und Ausdauertestung:

Um einen individuellen und auf die Person abgestimmten Trainingsplan entwickeln zu können, muss zunächst einmal ein Ausdauertest mit Ihm durchgeführt werden, um seine Leistungsfähigkeit feststellen und beurteilen zu können.

Hier besteht die Auswahlmöglichkeit zwischen drei verschiedenen Ausdauertests: dem WHO-Test", „Hollmann/Venrarth-Test" und dem „Vita-Maxima-Test", die alle auf dem Fahrradergometer durchgeführt werden.

Für den hier vorgestellten Klienten wird der „WHO-Test" zur Ermittlung seiner Ausdauerleistungsfähigkeit herangezogen. Dieser Test ist ein Stufentest und am besten für untrainierte und leistungsschwächere Personen, Übergewichtige und Ältere geeignet.

Es handelt sich hierbei um einen Test im submaximalen Belastungsbereich, mit relativ kurzer Stufendauer und geringer Intensitätssteigerung.

Da der Klient im regelmäßigen Ausdauersport und vor allem im Fitnessstudio und an den Trainingsgeräten Neuling ist und sein Handballtraining nicht adequat wahrnimmt, ist aufgrund seiner Leichtigkeit der WHO-Test zu empfehlen.

Zudem hat er leichtes Übergewicht und sein Blutdruck ist im hochnormalen Bereich. Hohe Belastungen wären daher eher suboptimal für seine Gesundheit. Der „WHO-Test" beginnt mit einer niedrigen Eingangsstufe von 25 Watt und steigert sich auch nur langsam. Der Klient kommt somit nicht an seine maximale Belastungsgrenze und der Blutdruck sollte demnach auch nicht in grenzwertige Bereiche schreiten.

Als Submaximaltest ist dieser Test für untrainierte Personen besonders gut geeignet, da diese nicht an ihre vollständige, körperliche Ausbelastung gebracht werden.

Der Test lässt sich schnell und unkompliziert durchführen und ist für jeden Kunden leicht verständlich. Zusätzlich gibt es viele Normdaten für den späteren interindividuellen Leistungsvergleich, wodurch die Testergebnisse gut auswertbar werden.

Das Fahrradergometer lässt zudem eine hohe Reliabilität und Validität zu und die Belastung wird exakt dosierbar. Für Anfänger ist es gut geeignet, da geringe orthopädische Fehlbelastungen möglich sind und nur wenig koordinative Anforde-

9

rungen in Anspruch genommen werden. Außerdem kann die Herzfrequenz gut abgeleitet werden (Reiss & Fikenzer, 2013, S.63 ff.).

Test-Durchführung:

Zunächst wird die maximale Pulsobergrenze errechnet, welche bei unserem Klienten bei 130 s/min liegt. Diese lässt sich nach der WHO folgendermaßen errechnen:

---

180 S/min (beim Fahrradergometer) — Lebensalter = Pulsobergrenze

---

Also ist die Rechnung bei dem vorgestellten Mann: **180 - 50 = 130 S/min**

Der Klient beginnt, auf dem Fahrradergometer mit einer Eingangsbelastung von 25 Watt und einer Trittfrequenz von 60-80 Umdrehungen pro Minute, gleichmäßig zu treten. Die Trittfrequenz muss während des gesamten Testverlaufs eingehalten werden. Alle 2 Minuten wird die Belastungsintensität um weitere 25 Watt gesteigert und die Herzfrequenz des Klienten nach jeder Minute protokolliert.

Die zuvor errechnete Pulsgrenze ist die maximale Belastung für den Mann während dem Test. Sobald diese erreicht wird, ist der Test beendet und die Watt-Soll-Leistung bzw. Watt pro Kilogramm Körpergewicht kann mit Hilfe der gesamt Watt Zahl berechnet werden. Eventuell muss die letzte Stufe nicht zu Ende gefahren werden, da die Pulsobergrenze schon nach der Hälfte der Stufe erreicht wurde. In dem Fall wird die zuletzt gefahrene Watt Zahl zeitinterpoliert, also nur zur Hälfte gewertet.

Anschließend wird dieses „Watt pro Kilogramm Körpergewicht" Ergebnis mit alters- und geschlechtsgemäßen Normwerten abgeglichen. Hier raus kann man den aktuelle Leistungszustand des Kunden im interindividuellen Vergleich feststellen und anhand diesem einen passenden Einstieg in ein Ausdauertraining planen.

Tab. 6: Belastungsparameter:

Name, Vorname: Herr XY **Geschlecht:** männlich **Alter:** 50 Jahre

Testform:	Stufendauer:	Pulsobergrenze/	Gewicht:
WHO-Test	2 Minuten	Abbruchgrenze:	91 kg
(submaximal)		130 s/min	
Testgerät:	**Trittfrequenz:**	**Blutdruck:**	**Ruhepuls:**
Sitzfahrrad	60-80 Umdrehungen/	135/85 mmHg	78 s/min
(Fahrradergometer)	Minute		
Eingangsbelastung:	**Belastungssteigerung:**	**Anmerkung:**	
25 Watt	25 Watt	Herzfrequenzverlauf wird jede Minute protokolliert!	

Tab. 7: Testprotokoll des WHO-Test:

Eingangstest	Datum: 25.11.2013		
Zeit	*Watt*	*Herzfrequenz nach der 1. Minute (der jeweiligen Stufe)*	*Herzfrequenz nach der 2. Minute (der jeweiligen Stufe)*
1-2 Minuten	25 Watt	88 s/min	92 s/min
3-4 Minuten	50 Watt	98 s/min	102 s/min
5-6 Minuten	75 Watt	108 s/min	110 s/mim
7-8 Minuten	100 Watt	112 s/min	118 s/min
9- 10 Minuten	125 Watt	122 s/min	128 s/min
11-12 Minuten	150 Watt	132 s/min	Testabbruch, da Pulsobergrenze erreicht wurde!
Watt gesamt	137,5 (zeitinterpoliert)		
Watt/ Kg	1,51		
Bewertung nach Normtabelle	Ø Testperson liegt genau im Durchschnitt!		

Der Klient erreicht nach 11 Minuten, also nach der Hälfte der 6. Stufe seine Pulsobergrenze und der Test wird beendet. Also wird die letzte Stufe mit 150 Watt zeitinterpoliert gewertet und nur zur Hälfte angerechnet. In dem Fall hat der

Herr eine gesamt Wattleistung von 137,5 erreicht. Daraus errechnet, ergibt es für ihn eine relative Watt-Soll-Leistung von 1,51 Watt/kg (137,5 / 91 kg = 1,51).

Die Testperson liegt beim interindividuellen Vergleich in seiner Altersklasse, laut der Normtabelle, genau im Durchschnitt (Reiß & Fikenzer, 2013, S. 78, nach IPN 2004).

Der Intensitätsfaktor zur Berechnung der empfohlener Trainingsherzfrequenz nach der IPN-Formel (Reiß & Fikenzer, 2013, S.146) liegt bei ihm laut der Normtabelle bei 0,6. Dieser würde später beim Erstellen seines Trainingsplanes und bei der Errechnung der empfohlenen Trainingsherzfrequenzen zum Tragen kommen, sofern diese nach der IPN-Formel berechnet würden.

Abb. 1: Testverlauf WHO-Test beim Klienten (die graue Linie spiegelt den Herzfrequenzverlauf des Herren während des Testes wider):

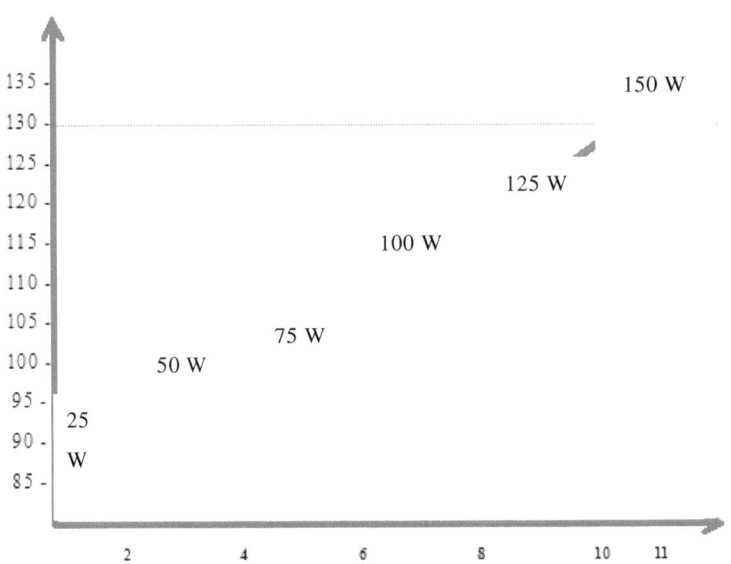

1 c) Gesundheits- und Leistungsstatus der Person:

Im Allgemeinen ist die Gesundheit des Klienten gut. Das erhöhte Herzinfarkt Risiko kann mit Hilfe von regelmäßigem Ausdauersport gesenkt werden, da durch dieses der Blutdruck gesenkt, die Koronardurchblutung verbessert und die Herzarbeit ökonomisiert wird.

Der in seinem Fall hochnormale Blutdruck von 135/85 mmHg ist nicht eine Kontraindikation für ein Ausdauertraining. Sollte dem Kunden jedoch während des Trainings ein Unwohlsein überkommen, Herzrasen bekommen, schwindelig oder übel werden, so sollte das Training sofort abgebrochen werden.

Der erhöhte Ruhepuls wird ebenfalls durch ein regelmäßiges Ausdauertraining gesenkt, da das Schlagvolumen und Herzminutenvolumen des Herzens sich erhöhen und verbessern.

Der Kunde hat ebenfalls einen leicht erhöhten BMI und einen erhöhten Körperfettanteil. Durch ein intensives Ausdauertraining mit einer kürzeren Belastungsdauer wird der Kalorienverbrauch, der entscheidend für eine Körperfettreduktion ist, erhöht. Hierzu benötigt der Kunde jedoch zunächst eine gute Grundlagenausdauer und dieses Training ist daher eher für Fortgeschrittene geeignet. Das bedeutet für den Kunden, dass er zu Beginn eher durch eine Ernährungsanpassung abnehmen wird.

Herr XY hat für sein Alter eine durchschnittlich gut ausgeprägte Ausdauerleistung, wie man anhand des WHO-Tests sehen konnte. Dieses Ergebnis überrascht jedoch ein wenig, da der Klient zuvor noch nie im Fitnessstudio war, geschweige denn Erfahrungen im Ausdauertraining mit Geräten hat. Auch seine sitzende Bürotätigkeit und der mangelnde Bewegungsgrad lassen eher auf eine unterdurchschnittliche Ausdauerfähigkeit schließen.

Zu erklären ist seine durchschnittliche Ausdauerleistung lediglich durch das 1 Mal wöchentliche Handballtraining von einer Stunde, wobei er dieses auch eher unregelmäßig betreibt. Wahrscheinlich sind seine wöchentliche Nordic-Walking Erfahrungen von 90 Minuten ausschlaggebend für seine durchschnittliche Ausdauerfähigkeit. Dies hat er bis vor 4 Monaten regelmäßig gemacht.

Aufgrund seiner Ausdauerfähigkeit kann er, obwohl er im Ausdauertraining im Fitnessstudio Neuling und Anfänger ist, mit einem etwas intensiveren Anfänger-

und Einstiegstraining beginnen und zunächst seinen hochnormalen Blutdruck regulieren. So wird er schnell eine gute Grundlagenausdauer aufbauen und bald in ein intensiveres Fettredukionstraining übergehen können und sein Herzinfarktrisiko durch Gewichtsverlust und Herz Ökonomisierung senken.

Aufgabe 2:

Zielsetzung und Prognose:

Tab. 8: Darstellung der Trainingsziele des Kunden in Verbindung mit deren Ausmaßen und der dafür benötigten Zeit (lila hinterlegte Felder, sind die Hauptziele des Klienten):

Kategorie *Trainingsziel*	*Inhalt*	*Ausmaß*	*Zeit*
Sekundär- präventives Herz-Kreislauf- Training	Gewichtsreduktion	- 6 Kg	12 Wochen
Sekundär- präventives Herz-Kreislauf- Training	Blutdruck senken	Auf 125/80 mmHg	4 Monaten
Verbesserung der Fitness	Steigerung der Wattleistung beim submaximalen Fahrradergometer- Test	Von 1,51 W/Kg auf 1,70 W/Kg	12 Wochen
Nebenziel: Stressabbau und Entspannung	Ausgleich der Sitzenden Berufstätigkeit durch Bewegung	Subjektiver Stressabbau	Sofort nach der 1. Trainingseinheit

15

Nebenziel bzw. Effekt durch das Ausdauertraining	Körperfettanteil senken	Abhängig von der Gewichtsreduktion	12 Wochen
Nebenziel bzw. Effekt durch das Ausdauertraining	Ruhepuls senken	- 5 Schläge	ca. 10 Wochen

Zur Erklärung der Ziele des Kunden: Die lila hinterlegten Spalten sind die Hauptziele des Kunden und die farblosen sind wünschenswerte Nebenziele, die mit einem Ausdauertraining einhergehen und zu erwarten sind, weshalb wir diesen keine weitere Aufmerksamkeit schenken.

Die oben aufgezählten Ziele basieren alle auf unterschiedliche biometrische oder sportmotorische Parameter.

Wichtig bei einer Zielformulierung ist es den Inhalt des Ziels, dessen Ausmaß und die dafür angesetzte Zeit zu nennen, denn nur so wird das Ziel für den Kunden messbar und erreichbar und er kann die notwendige Motivation für ein Training aufbringen (Reiß & Fikenzer, 2012, S.40). Zusätzlich hilft eine Einteilung der Hauptziele in Feinziele, um kleine Fortschritte öfter zu veranschaulichen und die Motivation nochmals zu steigern.

Das erste Hauptziel ist eine Gewichtsreduktion von 91 kg auf 85 kg innerhalb von 3 Monaten zu senken. Dieses Ziel leitet sich vom Kundenwunsch 6 kg abzunehmen ab.

Das bedeutet in Feinziele unterteilt, dass er 1 kg innerhalb von 2 Wochen abnehmen muss. Dies wird zu Beginn nur mäßig über ein Ausdauertraining möglich sein, da ein Fettreduktionstraining erst ab höheren Intensitäten beginnt und dies bei Einsteigern noch nicht direkt möglich ist. Hier muss er es also über eine Ernährungsumstellung und eventuell verringerter Kalorienzufuhr versuchen.

Dieses Ziel ist jedoch trotzdem sehr realistisch und gut erreichbar. Der Kunde wird danach wahrscheinlich noch mehr Motivation haben ein intensiveres Training zu beginnen, um einen noch höheren Gewichtsverlust und damit eine Senkung des Körperfettgehalts zu erreichen.

Das zweite Hauptziel ist es den Blutdruck zu senken und in seinem Fall sekundär präventiv zu handeln, da der Blutdruck im hochnormalen Bereich ist.

Dies ist ebenfalls ein Kundenwunsch gewesen (Aufgabe 1: Trainingsmotive), da er etwas für einen gesunden Lebensstil tun möchte und sein Herzinfarktrisiko senken will. Dies geht am ehesten mit einem aktiven Leben und regelmäßigem Ausdauertraining einher und die Blutdrucksenkung wirkt sich ebenfalls positiv auf eine Verringerung des Herzinfarktrisikos aus.

Eine mittlere Blutdrucksenkung durch ein Ausdauertraining ist im systolischen Bereich um ca. 10 mmHg und im diastolischen Bereich um ca. 5-8 mmHg möglich (Reiß & Fikenzer, 2012, S.41). Dieser Prozess wird nach etwa 12 Wochen regelmäßigem Ausdauertraining sichtbar. Der Kunde läge dann mit seinem Blutdruck nicht mehr im hochnormalen Bereich, sondern mit 125/80 mmHg im normalen Bereich (vgl. Tab. 2). Diese Anpassung hält sich allerdings nur so lange, wie die Person auch regelmäßiges Ausdauertraining betreibt. Ein Teilziel ist es nach 2 Wochen schon einen minimal gesenkten Blutdruck verzeichnen zu können.

Das dritte Ziel des Kunden ist es seine Fitness zu verbessern, um beim Handballtraining besser mithalten zu können und nicht so schnell außer Atem zu sein. Hierzu wurde das Hauptziel gesetzt die relative Watt-Soll-Leistung von 1,51 W/kg auf 1,71 W/kg innerhalb von 12 Wochen zu steigern. Diese Steigerung soll nach den 3 Monaten durch einen erneuten WHO-Test (Re-Test) überprüft werden. Daran erkennt der Kunde, dass sich sein Ausdauertraining bemerkbar macht und wird beim Handballballtraining positive Effekte verzeichnen können.

Eine Erhöhung der Watt-Soll-Leistung um 0,2 Watt pro Kilogramm Körpergewicht ist in dem gegebenen Zeitraum gut möglich und das Ziel ist daher realistisch (Lagerström et al., 1991. S. 25 ff.).

Ein Nebenziele des Kunden ist es einen Ausgleich zum Büroleben zu finden und dadurch Stress abzubauen und sich entspannter zu fühlen. Dieses Ziel ist nur nach subjektivem Empfinden messbar. Der Klient wird dies allerdings schon nach den ersten erfolgreich absolvierten Trainingseinheiten feststellen können.

Ein weiteres Nebenziel ist es den Ruhepuls binnen 10 Wochen um 5 Schläge pro Minute zu senken. Dieses Ziel ist allerdings kein erwünschtes Ziel des Kunden, sondern eher eine Anpassungserscheinung, die sowieso durch das Training auftritt und nach etwa 10 Wochen deutlich messbar sein wird (Reiß & Fikenzer, 2012, S.41).

Nicht erreichte Ziele führen zu einer Demotivation und daher sollte man lieber kleinere Ziele setzten, die aber realistisch zu erreichen sind.

Alle gesetzten Ziele des vorliegenden Klienten sollten jedoch, aufgrund seiner durchschnittlich guten Ausdauerleistung, seiner hohen Motivation und keinen gesundheitlichen Einschränkungen, gut erreichbar sein. Es liegen auch keine Kontraindikationen für ein Ausdauertraining vor, welche dieses beeinträchtigen oder gar unmöglich machen würden.

Aufgabe 3:

3 a) Grobplanung Mesozyklus:

Tab. 9: Tabellarische Darstellung der Grobplanung des Mesozyklus für den Klienten:

Grobplanung : Mesozyklus	
Trainingsstufe	Beginner im Ausdauersport
Dauer	6 Wochen
Trainingsziel	Aufbau der Grundlagenausdauer I
Belastungsumfang pro Woche	1 – 2 Stunden
Trainingsmethoden	Extensive Dauermethode
	Variable Dauermethode
Trainingsintensität (nach Karvonen-Formel)	HfReserve = 45-50 % (regenerativ)
	HfReserve = 45-60 % (extensiv)
	HfReserve = 45-80 % (variabel)
Trainingshäufigkeit pro Woche	2 Mal
Dauer pro Trainingseinheit	45 min (regenerativ)
	30-60 min (extensiv)
	30-60 min (variabel)

Trainingsgeräte	Laufband (Walken), Crosstrainer, Fahrrad

3 b) Detailplanung Mesozyklus:

Trainingsparameter	1. Woche		2. Woche		3. Woche	
Trainingseinheit/ Woche	2		2		2	
Trainingstag	Mo	FR	MO	FR	MO	FR
Trainingsziel	GA I	GA I	GA I	GA I	GA I	GA I
Trainingsmethode	extensive DM	extensive DM	extensive DM	extensive DM	extensive DM	extensive DM
Trainingsumfang/ Woche	1 Stunden		1 Stunde		1 ¼ Stunde	
Trainingsdauer pro Einheit	30 min	30 min	30 min	30 min	30 min	45 min
Trainingsintensität (% HfReserve)	45-55 %	45-55%	45-60%	45-60%	50-60%	50-60%
Trainingsherzfrequenz in s/min	119,4-128,6	119,4-128,6	110,4-121,2	119,4-133,2	124-133,2	124-133,2
Ausdauertrainingsgerät	Crosstrainer	Laufband= Walken	Fahrrad	Crosstrainer	Laufband= Walken	Crosstrainer

Trainingsparameter	4. Woche		5. Woche		6. Woche	
Trainingseinheit/ Woche	2		2		2	
Trainingstag	Mo	FR	MO	FR	MO	FR
Trainingsziel	REKOM	GA I	GA I	GA I	GA I	GA I
Trainingsmethode	extensive DM	Variable DM	extensive DM	Variable DM	extensive DM	Variable DM
Trainingsumfang/ Woche	1 Stunden		1 ½ Stunden		2 Stunden	
Trainingsdauer pro Einheit (in Min)	30 min	30 min	45 min	45 min	60 min	60 min
Trainingsintensität (% HfReserve)	45-50%	45-70%	50-60%	45-75%	50-60%	45-80%
Trainingsherzfrequenz in s/min	110,4-114	119,4-142,4	124-133,2	119,4-147	124-133,2	119,4-151,6
Belastungsintensität : Extensiver/ Intensiver Belastungsbereich		5 min á 75 Watt/ 5 min á 125 Watt (6 Phasen)		5 min á 75 Watt/ 5 min á 125 Watt (9 Phasen)		10 min á 75 Watt/ 10 min á 125 Watt (6 Phasen)
Ausdauertrainingsgerät	Fahrrad	Crosstrainer	Laufband= Walken	Crosstrainer	Laufband= Walken	Crosstrainer

Erklärung der Abkürzungen:

DM   = Dauermethode

GA I   = Aufbau und Stabilisierung der Grundlagenausdauer

Berechnung der Trainingsherzfrequenz nach Karvonen-Formel (vgl: ACSM 2006a.S.342):

$$\text{Thf} = (\text{Hf}_{max} - \text{Hf}_{Ruhe}) \times \text{Intensität in } \% + \text{Hf}_{Ruhe}$$

Hf$_{max}$ **(Fahrrad)**   = 200 - Lebensalter

Hf$_{max}$ **(Laufband/Walken)**   = 220 - Lebensalter

Hf$_{max}$ **(Crosstrainer)**   = 220 - Lebensalter

3 c) Begründung zur Mesozyklusplanung:

Der oben dargestellte Trainingsplan umfasst die ersten 6 Wochen des Ausdauertrainings des Klienten als Neueinsteiger.

Zunächst wird sein Ergebnis aus dem zuvor getesteten Fahrradergometer herangezogen und anhand diesem ein leistungspassender Einstieg in das Ausdauertraining geplant. Hier lag der Klient im interindividuellen und altersgleichen Vergleich im durchschnittlichen Bereich.

Der Trainingsschwerpunkt des Mesozyklus liegt demnach auf dem Aufbau der Grundlagenausdauer und dem anschließenden Erhöhen dieser, um das Leistungsniveau auf Dauer zu steigern.

Die **Auswahl der Trainingsmethoden** beschränkt sich demnach auf zwei Dauermethoden, die extensive und die variable Dauermethode, welche für den Aufbau und die Stabilisierung der Grundlagenausdauer I zuständig sind und dies das Trainingsziel des gesamten Trainingsplans ist.

Dieses Gesamtziel des Trainingsplans ist angepasst an die Leistungsvoraussetzungen des Kunden, denn er ist Anfänger im Ausdauersport und muss demnach erst mal eine Grundlagenausdauer aufbauen.

Bei beiden verwendeten Trainingsmethoden werden die Intensitätsspektren der HFReserve voll ausgeschöpft. Bei der extensiven Dauermethode liegen diese zwischen 45 %- 60% der HFReserve und beider variablen Dauermethode liegt die spanne zwischen 45 % - 80 % der HFReserve.

Zunächst steigt der Klient mit einem Training nach der extensiven Dauermethode ein, welches für einen Anfänger und ein gesundheitsorientiertes Training am besten geeignet ist und mit niedrigen Intensitäten beginnt (Olivier, 2007, S.5).

Diese ist die Grundlagenmethode eines jeden Ausdauertrainingsplans und eine Einsteigermethode, mit der die Basis für ein Ausdauertraining geschaffen wird.

„Das Ziel eines Grundlagenausdauertrainings ist die Steigerung der allgemeinen aeroben Ausdauerfähigkeit" (Peters, 2009, S.82) und hierzu sind alle Trainingsmethoden geeignet, die den aeroben Stoffwechsel beanspruchen. Die extensive Dauermethode beansprucht ausschließlich, durch lange und geringe bis mittlere Belastungsintensitäten den Bereich an der aeroben Schwelle (1,5 -2,5 mmol/l Laktat) (Glatzfelder & Rohner, 2005, S.18). Diese Methode verbessert die Kapillarisierung, ökonomisiert die Herzarbeit, baut eine Grundlagenausdauer auf und stabilisiert diese und senkt die Ruheherzfrequenz (Reiß & Fikenzer, 2013, S.170 nach Zintel & Eisenhut, 2001).

Die Fitness des Klienten verbessert sich, dies ist eines der gewünschten und angestrebten Trainingsziele des Kunden, denn er soll nach 12 Wochen einen besseren Fahrradergometer-Test fahren, als zu Beginn des Trainingsplanes und die Ruheherzfrequenz soll sich zu diesem Zeitpunkt schon um 5S/min gesenkt haben.

Zudem trainiert der Kunde mit der extensiven Dauermethode und einer Dauer ab 30 min pro Trainingseinheit seinen Fettstoffwechsel und kommt seinem zweiten Ziel „6 kg abzunehmen" näher.

Der Klient kann ohne Probleme, aufgrund seiner durchschnittlichen Ausdauerfähigkeit mit einem **wöchentlichen Belastungsumfang** von zwei Mal pro Woche beginnen und mit 30 Minuten Trainingszeit bei der ersten Einheit starten, denn so steigt er direkt in das Grundlagenausdauertraining I ein. Wenn er jedoch mit einer niedrigeren Belastungszeit und einem Bereich weit unter der aeroben Schwelle einsteigen würde, so befände er sich im Rekom- bzw. Regenerationstraining, welches zunächst nur einen Stressabbau bewirken würde (Peters, 2009, S.80). Dies entspräche allerdings nicht seinen Trainingszielen, da er vorwiegend abnehmen und fitter werden will.

Es wurden die Trainingstage Montag und Freitag festgelegt, da der Klient mittwochs abends meist Handballtraining hat und er somit genügend Regenerationszeit zwischen den Trainingseinheiten einhält, welche wichtig für eine optimale Anpassungsreaktion des Organismus ist: „Prinzip der optimalen Relation von Belastung und Erholung" (Blum & Friedmann, 2002, S.13).

Das **Be- und Entlastungsverhältnis** des Trainingsplans liegt bei 3:1. Das heißt, der Klient trainiert 3 Wochen unter steigendem Belastungsumfang und erhöhter Belastungsintensität und in der 4. Woche ist eine Rekom-Einheit eingebaut, wo der Belastungsumfang wieder geringer wird. Diese Phase dient zur Stabilisierung der Grundlagenausdauer und bereitet auf die ansteigende Intensitätsbelastung durch eine Trainingsmethodenergänzung vor (Blum & Friedmann, 2002, S.14). Denn nach der Rekom- Einheit startet der Klient einmal wöchentlich mit einer variablen Dauermethode, um die Grundlagenausdauer zu stabilisieren und die Herz-Kreislaufleistung zu verbessern. Zusätzlich wird die Glykogen-Ausnutzung optimiert und der Klient trainiert im aeroben-anaeroben Übergangsbereich (Peters, 2009, S.80), wodurch er den Trainingsreiz auf seinen Organismus erhöht und das „Prinzip des wirksamen Belastungsreizes", welches besagt, dass ein „Trainingsreiz eine bestimmte Intensitätsschwelle überschreiten muss, um überhaupt eine Anpassungsreaktion auszulösen" (Glatzfelder & Rohner, 2005, S.15), erfüllt. Denn die Intensitäten des Trainingsplanes werden in dieser Methode höher und die Reize auf die Muskeln wirken wieder überschwellig stark und können einen Anpassungsmechanismus hervorrufen, denn die Intensitäten aus den Wochen zuvor wirken nun nur noch unterschwellig stark. Um eine Stagnation zu vermeiden und die Motivation zu erhöhen, wird diese zweite Methode ab der 4. Woche mit in den Trainingsplan eingebunden.

Ebenfalls entspricht diese Intensitätssteigerung durch den Methodenwechsel dem „Prinzip der progressiven Belastungssteigerung" (Blum & Friedmann, 2005, S.12).

Der **Trainingsplan umfasst eine progressive Belastungssteigerung** in Bezug auf die Trainingsintensität. Ebenfalls steigen Trainingsumfang und Trainingsdauer pro Einheit von Woche zu Woche (siehe Abb. 2). Ab der 4. Woche kommt 1 Mal wöchentlich eine Trainingseinheit nach der variablen Dauermethode vor, die ebenfalls eine Steigung zur extensiven Dauermethode darstellt und als Stabilisierung und Verbesserung der schon vorhandenen Grundlagenausdauer I dient.

Abb. 2: Belastungsumfang des Mesozyklus (eigene Darstellung nach Reiß & Fikenzer, 2013, S.201):

Min

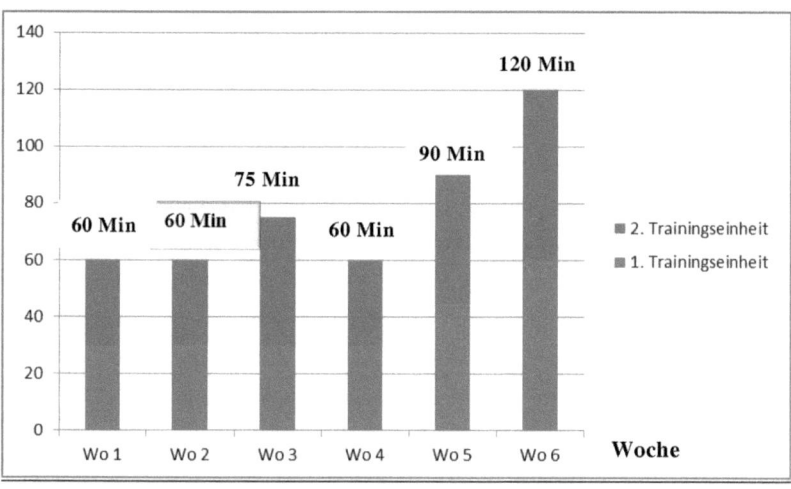

Die Trainingsherzfrequenzen wurden nach der Karvonen-Formel berechnet und orientieren sich an Prozentangaben der HFReserve, da diese die Ruheherzfrequenz in die Rechnung miteinbezieht. Dies ist bei unseren Kunden von Vorteil, da er mit 78 s/min eine erhöhte Ruheherzfrequenz aufweist und so auch bei niedrigen Intensitäten eine Herzfrequenz über 110 s/min erreicht. Wobei hingegen bei der

Berechnung nach der ACSM-Methode und der Verwendung von Intensitäten der HfMax, die Herzfrequenz bei geringen Belastungsintensitäten nahe der Ruheherzfrequenz läge, welches praktisch für den Kunden nicht durchführbar wäre.

Aufgrund des hochnormalen Blutdrucks des Klienten wird zunächst mit niedrigen Herzfrequenzen während des Trainings trainiert, bis dieser sich nach ein paar Wochen an die Belastungen gewöhnt hat und sich etwas senkt. Ab der 4. Woche und bei Beginn der variablen Dauermethode steigen die Belastungsintensitäten und auch die Trainingsherzfrequenzen mehr an, welches dann aber für den Kunden kein Problem mehr darstellen sollte.

Die **Auswahl der Trainingsgeräte** ist ebenfalls an die Ziele und gesundheitlichen Voraussetzungen des Kunden angepasst. Aufgrund einer Arthrose im Steißbein und Schmerzen beim langen Sitzen, wurde das Fahrrad bewusst nur selten und wenn mit kurzer Trainingsdauer ausgewählt. Denn nachteilig beim Sitzfahrrad sind die kontinuierliche Druckbelastung auf die Bandscheiben und die Dammregion (Reiß & Fikenzer, 2013, S.116). Allerdings ist das Rad ein gutes Trainingsgerät für Anfänger und erfordert nur wenig koordinative Fähigkeiten. Deshalb wurde es auch im Trainingsplan bei eher regenerativen Einheiten eingeplant.

Der Kunde hat Vorerfahrungen im Nordic-Walken und aus diesem Grund wird das Walken auf dem Laufband öfters in den Trainingsplan eingebunden. Das Walken war ein ausdrücklicher Wunsch des Kunden, da er dieses gerne macht und es seine Motivation steigert, wenn er Geräte in seinem Trainingsplan benutz, die ihm Spaß machen. Von Vorteil ist hier, dass er schon koordinative Kenntnisse im Walken hat und es ihm somit leichter fallen wird als anderen, denn nachteilig beim Walken auf dem Laufband sind eventuell auftretende Gleichgewichtsprobleme. Das Walken auf dem Laufband zielt auch eher auf Beginner, Übergewichtige und Menschen mit sitzender Tätigkeit an, da dieses nur einen trainingswirksamen Effekt auf das Herz-Kreislauf-System bei untrainierten bis mäßig trainieren Personen verursacht (Reiß & Fikenzer, 2013, S.115). Der hier vorgestellte Klient entspricht genau dieser Zielgruppe.

Von Vorteil hier ist es, dass das Walken nur eine geringe Belastung auf den Blutdruck ausübt und dieses positiv für die Gesundheit des Kunden ist, der einen hochnormalen Blutdruck aufweist. Ebenfalls vorteilig sind die geringen Gelenkbelastungen, die Möglichkeit der individuellen Belastungsdosierung und die B eteiligung vieler verschiedener Muskelgruppen.

Als letztes Trainingsgerät wurde der Crosstrainer ausgewählt, da dieser einen hohen Beliebtheitsgrad in Fitnessstudios hat und besonders gut für Gesundheitssportler, Büroarbeiter und Einsteiger ist, wie es auch auf den Klienten z utrifft. Wichtig hierbei ist es zu erwähnen, dass bei jeder Trainingeinheit auf dem Crosstrainer ein aktiver Armeinsatz gefordert wird, damit der cardiopulmonale Trainingseffekt höher ist. Von Vorteil ist hier, dass nur eine geringe Belastung auf den Bewegungsapparat herrscht, es eine einfache Bewegungsausführung gibt und eine Ganzkörperbelastung gefördert wird (Reiß & Fikenzer, 2013, S.117)

Zu nennen ist auch, dass dieses Trainingsgerät ausschließlich für die variable Dauermethode genutzt wird, da hier eine individuelle Belastungsdosierung in Form von Steigerungen im Wattbereich möglich ist, welches bei dem Laufband nicht in Frage käme.

Die Trainingsmittelvielfalt von 3 verschiedenen Trainingsgeräten und den damit verschiedenen Bewegungsvariationen, dient der Abwechslung im Training und fördert die Motivation des Klienten.

Aufgabe 4) Literaturrecherche

Effekte des Ausdauertrainings bei Übergewicht/Adipositas

Studie 1: Kieler Adipositaspräventionsstudie (KOPS) – Konzept und erste Ergebnisse der Vierjahres-Nachuntersuchungen

Wer hat die Studie durchgeführt? In welchem Jahr wurde die Studie publiziert?

Die Studie „Kieler Adipositaspräventionsstudie (KOPS) – Konzept und erste Ergebnisse der Vierjahres-Nachuntersuchungen", veröffentlicht 2003 wurde vom Institut für Humanernährung und Lebensmittelkunde der Christian-Albrechts-Universität zu Kiel durchgeführt. Die Autoren sind Czerwinski-Mast, Danielzik,

Asbeck, Langnäse, Spethmann und Müller. Diese Studie ist außerdem die erste von 3 Studien, die zu diesem Thema durchgeführt wurde.

Mit welchen Versuchspersonen wurde die Studie durchgeführt?

Die Studie wurde mit 4997 einschulungspflichtigen Kindern durchgeführt. Von den getesteten Personen sind 12,4% übergewichtig, 80,4% sind normalgewichtig und 7,2% untergewichtig.

Wie sah der Versuchsaufbau der Studie aus?

Seit 1996 wurden Kinder und deren Eltern durch die Schuleingangsuntersuchung jeweils von Februar bis Juni erfasst. Informationen erhielten alle durch die Lokalpresse und durch persönliche Gespräche, daraufhin bekamen alle nochmals eine Einwilligungserklärung. Folgende Parameter wurden erfasst: Daten zur Ernährung (hierzu zählten: Körpergröße- und Gewicht, Umfangsmessungen, Hautfaltendicken, Fettmasse und freie Fettmasse, Gewicht und Größe der Eltern und Geschwister), Ernährungszustand, körperliche Aktivitäten und soziale Faktoren (beispielsweise Beruf der Eltern). Ernährungsverhalten, körperliche Aktivität, anamnestische und soziale Parameter wurden mit einem Fragebogen ermittelt. Bei 1841 Kinder (922 Jungen und 919 Mädchen) wurde auf Verzehrgewohnheiten, Freizeitverhalten sowie familiäre und soziale Faktoren geachtet. Dabei wurde festgestellt, dass 12,4% der Kinder übergewichtig sind. Es wurden 2 Interventionen durchgeführt, zum einen eine Schulintervention und zum anderen eine Familienintervention.

Bei der Schulintervention wurden Kinder, Eltern und Lehrer mit einbezogen. Für die Kinder gab es Ernährungsunterricht (im 2. Unterrichtshalbjahr als 6 – 8 stündige Unterrichtseinheit) und „Bewegte Pausen" (fand in den Wochen des Ernährungsunterrichtes in den großen Pausen statt) ; hier sollte den Kindern Motivation und Freude zur körperlichen Aktivität vermittelt werden; für die Eltern wurden Informationsabende und für die Lehrer Fortbildungen angeboten.

Bei der Familienintervention wurde darauf geachtet, dass das Kind übergewichtig ist oder mindestens ein Elternteil. Hier wurden 3-5 Beratungstermine bei der Familie Zuhause angesetzt zu Ernährung, Bewegung und Essverhalten. Für die übergewichtigen Kinder wurde in einem Zeitraum von 6 Monaten zweimal Sportunterricht angeboten. Für die Eltern der übergewichtigen wurden Kochkurse zur fettfreien Speisenzubereitung angeboten.

Welche relevanten Ergebnisse und Schlussfolgerungen lieferte die Studie?

Bei der Familienintervention wurde folgendes festgestellt:

Bei 26 Familien von 28 am Anfang konnte eine Einjahresuntersuchung erfolgen. Es zeigte sich eine Verbesserung des Ernährungszustandes und des gesundheitlichen Verhaltens. Die Kinder wiesen beispielsweise eine geringere Körperfettmasse auf, das Ausmaß des Übergewichts hatte sich reduziert, Fernsehkonsum sank.

Bei der Schulintervention wurde folgendes festgestellt:

Von 667 Kindern lagen Daten zum Messzeitpunkt vor. 138 Kinder nahmen am Ernährungsunterricht und am Bewegungsprogramm teil. Die anderen 529 Kinder, die sich schon von Anfang an signifikant in den Parametern des Ernährungszustandes unterschieden, wurden in eine Kontrollgruppe geschlossen, unterschieden wurde nach Geschlecht des Kindes, Trizepshautfalte, BMI, SES (Schulbildung der Eltern) und Ernährungszustand der Mutter. Die Kontrollgruppe bestand aus 249 Kindern. Die Ergebnisse zeigen, dass die Schulinterventionskinder eine geringere Zunahme der Fettmasse aufweisen als die Kontrollkinder. Die Inzidenz konnte gesenkt werden, sie lag bei 29% bei den Schulinterventionskindern und bei der Kontrollgruppe bei 39%.

Beim Sportprogramm wurde folgendes festgestellt:

Der Ernährungszustand der 17 Kinder die regelmäßig am Programm teilnahmen verbesserte sich zur Vergleichsgruppe die 15 Kinder groß war deutlich. Sie nahmen im Durchschnitt 13,2% der Fettmasse ab. Zum Vergleich nahmen die 15 Kinder aus der Vergleichsgruppe 5,5 % zu.

Schlussfolgerungen:

Die Studie zeigt einen positiven Effekt. Sie zeigt, dass eine Adipositasprävention nicht nur möglich ist sondern auch erfolgreich. Neben dem Bewusstsein für eine gesunde Ernährung, spielt Bewegung dabei eine wichtige Rolle. Besonders bei übergewichtigen Kindern muss die Motivation und Freude zur Bewegung geweckt werden um Sie zu unterstützen. Durch die spielerische Art der Ausdauer, hier durch die „Bewegten Pausen", kann dies erreicht werden. Durch Ausdauersport kann man die Kinder unterstützen, um Sie vor Adipösitas zu Schützen. Dabei spielen die Institutionen Schule und Familie eine wichtige Rolle. Sowohl eine Schul- als auch eine Familienintervention kann den Ernährungszustand und das gesundheitliche Verhalten bei übergewichtigen Kindern stark verbessern

Studie 2: Reduziert sich das Mortalitätsrisiko sowohl für normal- als auch übergewichtige Personen durch körperliche Aktivität?

Wer hat die Studien durchgeführt? In welchem Jahr wurden die Studien publiziert?

Die Studie „Reduziert sich das Mortalitätsrisiko sowohl für normal- als auch übergewichtige Personen durch körperliche Aktivität?", veröffentlicht 2010, wurde vom Institut für Sport- und Bewegungswissenschaft und der Universität Stuttgart durchgeführt. Die Autoren sind Bucksch und Schlicht.

Mit welchen Versuchspersonen wurde die Studie durchgeführt?

Die Studie wurde insgesamt an 7178 Personen 30 und 69 Jahren durchgeführt. Davon waren 3.742 Männern und 3.445 Frauen. Bei 17 Männern und 40 Frauen fehlten Angaben, was schließlich dazu führte, dass die Daten von nur 3.725 Männern und 3.405 Frauen ausgewertet wurden. Als normalgewichtig wurden 2210 Frauen und 1587 Männer deklariert, da Sie einen BMI von <25 hatten. Als übergewichtig wurden 936 Frauen und 1812 Männer klassifiziert, da ihr BMI zwischen 25 und 29,9 lag. Als adipös wurden insgesamt 299 Frauen und 343 Männer identifiziert, da ihr BMI >30 war.

Wie sah der Versuchsaufbau der Studie aus?

Den Probanden wurden 18 verschiedene körperliche Aktivitäten aufgeführt, zu jeder wurde von den Testpersonen schließlich die Häufigkeit und Dauer der letzten drei Monate eingeschätzt. Ausgewertet wurden die Unterschiede moderatintensive (HEPA) und hochintensive körperliche Aktivitäten (Fitness). Das Erreichen der HEPA (Health-Enhancing-Physical-Activity) Empfehlung steht für 2,5 Stunde pro Woche moderat-intensive körperliche Aktivität an mindestens 5 Tagen, d.h. beispielsweise 30 Minuten an 5 Tagen. Eine Stunde hochintensive Belastung gilt für die Fitness-Empfehlung, beispielsweise dreimal wöchentlich 20 Minuten. Mindestens eine der beiden Aktivitätsempfehlungen (z.b. Fahrradfahren und Gartenarbeit) sollte von den Probanden erreichen. Die Probanden wurde auf moderat-intensive sowie hochintensive körperliche Aktivitäten getrennt. Neben der Befragung der körperlichen Aktivität wurden die Testpersonen den BMI-Klassen normalgewichtig, übergewichtig und adipös nach der WHO-Klassifikation zugeteilt.

Welche relevanten Ergebnisse und Schlussfolgerungen lieferten die Studie?

Bei Erreichen einer der beiden Aktivitätsempfehlungen (HEPA-Empfehlung oder Fitness-Empfehlung) war die Risikoeinschätzung für normalgewichtige am niedrigsten, für übergewichtige Männer am höchsten. Bei Frauen waren die Risikoeinschätzungen bei Adipösen am niedrigsten und bei Übergewichtigen am höchsten. Von allen Frauen Erreichten 68,4% und von allen Männern 66,8% eine der beiden Aktivitätsempfehlungen. Durch die HEPA-Empfehlung sank bei den Frauen das Sterblichkeitsrisiko deutlich stärker als bei den Männern, bei ihnen wurde es signifikant reduziert. Die Männer profitierten eher von der Fitnessempfehlung. Im Vergleich zu Frauen müssen Männer intensiver trainieren um vergleichbare Effekte zu erzielen.

Schlussfolgend ist zu sagen, dass die Sterblichkeit, durch körperliche Aktivität unabhängig vom Gewicht reduziert wird. Jedoch unterscheidet sich der Ausmaß der Risikoreduktion zwischen den BMI-Klassen. Vor allem Übergewichtige sollten ihre körperliche Aktivität steigern, anstatt ihr Gewicht zu reduzieren.

Literaturverzeichnis

Blum, K. & Friedmann, I. (2002). *Trainingslehre-Sporttheorie für die Schule*. 11. Auflage. Pfullingen: Promos Verlag

Bucksch J., Schlicht W.: Reduziert sich das Mortalitätsrisiko sowohl für normal- als auch übergewichtige Personen durch körperliche Aktivität? In: Deutsche Zeitschrift für Sportmedizin. Jahrgang 61, Nr. 3 (2010). Zugriff am 23.02.014. Verfügbar unter:

http://www.zeitschrift-sportmedi-zin.de/fileadmin/externe_websites/ext.dzsm/content/archiv2010/heft03/originalia_bucksch_0310.pdf

Czerwinski-Mast M./ Danielzik S./ Asbeck I./ Langnäse K./ Spethmann C./ Müller M.J.: Kieler Adipositaspräventionsstudie (KOPS) – Konzept und erste Ergebnisse der Vierjahres-Nachuntersuchungen. In: Bundesgesundheitsblatt – Gesundheitsforschung – Gesundheitsschutz. Nr. 9 (2003). Zugriff am 23.02.2014. Verfügbar unter:

http://www.kinderumweltgesundheit.de/index2/pdf/gbe/6244_1.pdf

Deutsche Gesellschaft für Ernährung e.V. (1992). *Ernährungsbericht 1992*

Guiraud, T., Nigam, A., Juneau, M., Meyer, P., Gayda, M. & Bosquet, L. (2011). Acute Responses to High-Intensity Intermittent Exercise in CHD Patients. *Med Sci Sports Exerc.* 43. S.211–217

Gallagher, D., Heymsfield, S., Heo, M., Jebb, S., Murgatroyd,P. & Sakamoto, Y. (2000). Healthy percentage body fat ranges: an approach for developing guidelines based on body mass index American. *Journal of Clinical Nutrition*, Vol.72

Glatzfelder, Th. & Rohner, R. (2005). *Zitation von Internetquelle.* Trainingslehre – Ausdauer. Zugriff am 23.02.2014. Verfügbar unter

http://www.efsport.ch/skripts/pdf-dateien/ausdauer.pdf

Olivier, N., Marschall, F. & Büsch, D. (2008). *Grundlagen der Trainingswissenschaft und -lehre.* Schorndorf: Hofmann.

Olivier, N. (2007). *Zitation von Internetquelle.* Grundlagen der Trainingswissenschaft und –lehre. Universität Paderborn: Sportwissenschaft, Arbeitsbereich „Bewegung und Training. Zugriff am 23.02.2014. Verfügbar unter

http://www.sportmedizin.upb.de/_pdf/smi_material/54/2859-0.pdf

Peters, W. (1998). Abitur-Training Sport. *Trainigslehre,* 1. Auflage. Freising: Stark

Reiß, M. & Fikenzer, S. (2012). *Studienbrief Trainingslehre I – Allgemeine Trainingslehre und Krafttraining.* Unveröffentlichte Studienmaterialien. Saarbrücken: Deutsche Hochschule für Prävention und Gesundheitsmanagement.

Reiß, M. & Fikenzer, S. (2013). *Studienbrief Trainingslehre II – Gesundheitsorientiertes Ausdauertraining.* Unveröffentlichte Studienmaterialien. Saarbrücken: Deutsche Hochschule für Prävention und Gesundheitsmanagement.

32